16	3	2	13
5	10	11	8
9	6	7	12
4	15	14	1

Leonardo Gandolfi

ROBINSON CRUSOÉ E SEUS AMIGOS

editora■34

EDITORA 34

Editora 34 Ltda.
Rua Hungria, 592 Jardim Europa CEP 01455-000
São Paulo - SP Brasil Tel/Fax (11) 3811-6777 www.editora34.com.br

Imagem da capa:
A partir de ilustração de Gustave Doré, de 1877, para o Orlando Furioso *de Ariosto*

Capa, projeto gráfico e editoração eletrônica:
Franciosi & Malta Produção Gráfica

Revisão:
Alberto Martins

1ª Edição - 2021

CIP - Brasil. Catalogação-na-Fonte
(Sindicato Nacional dos Editores de Livros, RJ, Brasil)

Gandolfi, Leonardo, 1981
G339r Robinson Crusoé e seus amigos /
Leonardo Gandolfi — São Paulo: Editora 34,
2021 (1ª Edição).
120 p.

ISBN 978-65-5525-080-0

1. Poesia brasileira contemporânea.
I. Título.

CDD - 869.1B

ROBINSON CRUSOÉ E SEUS AMIGOS

Robinson Crusoé e seus amigos	11
Coelhos	17
O problema da limpeza	19
Duas histórias	21
Leopoldina de Habsburgo pouco antes de vir para o Brasil	23
Saída	25
Acelerador de partículas	27
Muito tempo atrás numa galáxia distante	29
Minhas férias	31
Variações Cronenberg	37
Fazer falta	39
Passagem de som	41
A caixa	43
A confusão de Júlio	47
Minhas férias 2	49
Cristal japonês	51
Infância ou A caneca de Ágata	55
Círculo de fogo	57
As enguias	59
Duas histórias	61
Previsão do tempo	63
Última noite	67
Dança para Dalva e Herivelto	69
Leonard Cohen em 2013	71
Traduzindo David Berman	73
Fabrício e sua turma	75
Omar Khayyam	77
Sérgio Sampaio	79
Agora vamos	81
Mil novecentos e oitenta e seis	83

Cacaso & filho 85
O caminho de volta 87
Enquanto isso no brejo 89
Canção 91
Ilha Misteriosa de Júlio Verne
na versão de Clarice Lispector 93
Sem título 95
Luis Alberto de Cuenca e seus amigos 97
Quando der meia-noite 99
Velho par de chinelos 101
Dizer 103
Ciranda 105
Marília 107
Presente 109
Sim 111

Sobre o autor 115

ROBINSON CRUSOÉ
E SEUS AMIGOS

— Não pode faltar ninguém — disse Morel. —
Só começo quando todos chegarem.

Bioy Casares

ROBINSON CRUSOÉ E SEUS AMIGOS

Minha avó
trabalha na casa
de uma das irmãs
de Clarice Lispector

Minha mãe
ainda jovem
frequenta o lugar
e como adora livros
é convidada
por Clarice a cuidar
da sua biblioteca
uma vez por semana

Depois que minha mãe
limpa os livros com flanela
e coloca tudo em ordem na estante
Clarice entrega a ela
com o punho cerrado
algumas notas e diz

isto aqui Rita é para os seus supérfluos

#

Ao completar
cinquenta anos
minha mãe
descobriu na cabeça
o aneurisma
que a tiraria de cena

Na época
mexendo em suas coisas
descobri o carimbo
que ela usava no trabalho
para assinar
relatórios e memorandos

Prestes a perdê-la
usei o carimbo
para colocar seu nome
na folha de rosto
dos livros que lia para ela
durante o coma

Depois de anos
me mudando
de casas e cidades
perdi o carimbo
e os livros que marquei
com seu nome
à exceção do velho exemplar
de Robinson Crusoé
que ainda guardo comigo

#

Entre as coisas
que minha mãe deixou
está uma série de folhas secas
que ela recolhia
de jardins e parques
quando viajava

Em cada uma das folhas
estão anotados
com tinta azul de caneta
lugar e dia
em que foram recolhidas

Sem saber muito bem
o que fazer
com essa coleção
fiz o mesmo que minha mãe
e guardei uma a uma
as folhas secas
entre as páginas
dos livros na estante

Sobraram poucas
mesmo assim
acabo não lembrando
onde cada uma está

Por isso às vezes
sou pego de surpresa
quando ao abrir um livro
encontro folhas secas
com a letra dela

#

Com o que sobra
do naufrágio
Robinson Crusoé
monta uma coleção
de itens indispensáveis
como pólvora
rum e o cachimbo
que ele acende
enquanto espera
seu fiel escudeiro
Sexta-Feira

Da minha parte
anotar todas as vezes
em que a palavra
supérfluo
aparece nos livros
de Clarice
e fazer um inventário

#

Estou há algum tempo
tentando escrever
estas memórias

Até que
madrugada passada
ao ninar Rosa
minha filha
as peças soltas
ameaçaram se juntar

Não lembro quem
mas alguém disse
que à noite
todos os poemas são cinza

Nem todos
tanto que chegou a hora
de dedicar este
a Rosa

Se estou aqui
é só para esperar
a próxima vez
em que você vai chorar
a próxima vez
em que você vai sorrir

Enquanto nem uma coisa
nem outra acontece
presto atenção
nos menores detalhes
a minha mão
junto da sua

#

Ao limpar
e ordenar os livros na estante
minha mãe
acende um ou outro cigarro
já Clarice
nunca apaga os dela

Sabe Rita
não tem nada
que me faça dispensar
os meus cigarros

Sabe Rita
gosto de fumar
até durante as refeições

Sabe Rita
agora estou treinando
fumar e dormir
ao mesmo tempo
— dizia isso rindo —
não é fumar enquanto se espera
o sono chegar
mas sim fumar e dormir
de uma só vez
nem que para isso
eu entre em combustão

COELHOS

No tempo em que fui mágico
só deixei duas vezes
a cartola cair

Na primeira vez
de dentro dela saiu um coelho
que depois de três saltos sumiu

Na segunda vez
o tal coelho voltou
mas não voltou sozinho

A enorme ninhada
ao sair da cartola
avançou sobre o público

Uma pessoa da plateia
começou a atirar
outras fizeram o mesmo

Senhoras e senhores
favor não acertar na cartola

O PROBLEMA DA LIMPEZA

Um mundo
em que as coisas
eram de vidro
ou de porcelana
e nesse mundo
alguém que não estava
muito adaptado
e por isso quebrava
tudo aquilo que tocava

Se fosse tomar café
não podia
porque as xícaras se partiam

O mesmo se passava
com outros objetos
entre eles janelas pratos
e o box do chuveiro

Mas o pior era
não poder apertar
a mão das pessoas
mais queridas
porque elas
se esfarelavam na sua
virando
vidro moído

Beijos abraços
e carícias também
terminavam em
caquinhos pelo chão

Isso era ruim
porque trazia
o grande inconveniente
de alguém se ferir
e ferir os demais

Sem contar
o problema da limpeza
por exemplo
adivinha quem
vai recolher
toda essa sujeira?

DUAS HISTÓRIAS

Vou contar duas histórias
a primeira
sobre alguém
que só entende a pergunta
quando ela é feita duas vezes
já a segunda
é a história de quem
não consegue repetir
a própria assinatura

Na primeira história
perguntam
se está tudo ok
não sei se entendi bem
então repetem
está tudo ok?

Depois perguntam
se já choveu hoje
não sei se entendi bem
então repetem
já choveu hoje?

A segunda história é da época
em que se usava cheque
exemplo assinar o cheque
o banco dizer que não vale
e o cheque voltar

Nessa época tudo estava ok
e o problema era um só
não poder assinar duas vezes
da mesma forma

De volta à primeira história
perguntam
se eu trouxe o guarda-chuva
não sei se entendi bem
então repetem
você trouxe o guarda-chuva?

LEOPOLDINA DE HABSBURGO
POUCO ANTES DE VIR PARA O BRASIL

Às oito horas
depois de invadir
a casa dos camponeses
a água já estava no jardim do palácio

O nível subiu a tal ponto
que na estrada
chegava ao pescoço dos cavalos

Quem me contou isso
foi minha querida Annony
dama de companhia e tripulante
de um dos botes imperiais

Ao pentear meu cabelo ela disse
Alteza durante a confusão
um dos cavalos me olhou
fixamente nos olhos
as pequenas ondas provocadas
pela embarcaçãozinha
fizeram a água cobrir
a visão do animal e mesmo assim
ele continuava a me encarar

Annony estava agitada
eu também fui ficando e ela prosseguiu

Apesar do perigo da enchente
o que me impressionou de verdade
foram os olhos do cavalo
me atravessando
isso mesmo
Alteza
me atravessando

Annony contando foi de arrepiar
mas o que mais me impressionou
ela deixou para o fim
quando disse o seguinte

Alteza o que eu temia aconteceu
porque quando o animal começou a afundar
ele também levou consigo e para sempre
meu olhar perdido de personagem histórica

SAÍDA

A mosca Albertina
levanta voo e é jogada
para o fundo do ônibus

Sem entender muito bem
gruda as patinhas na poltrona
quer pular de uma para outra
e quando de novo levanta voo
de novo é jogada para trás
a uma velocidade de 90 km/h

Para entender o que se passa
com a mosca Albertina
vou buscar um copo d'água

Não basta saber que está em apuros
num ônibus que atravessa
a 90 km/h a rodovia Presidente Dutra

Para entender o que se passa
com a mosca Albertina
vamos saber um pouco mais
sobre o ônibus por dentro

Ele acelera
e seus passageiros estão
com os cintos afivelados
menos eu que fui ali atrás
buscar um copo d'água

E a mosca Albertina
um tanto cansada e confusa
o que aconteceu com minhas asinhas
pergunta ela e essa pergunta
o último sinal de uma mudança inevitável
não com aquele ali
que na estrofe anterior buscava
um copo d'água mas comigo
Albertina senhora das larvas
e das superfícies irregulares

Eu só queria atravessar
aquela casca lisa e transparente
chamada vidro ou quem sabe
alcançar aquele imenso grão
chamado açúcar mas não
e agora? onde estão as minhas filhas?
quem é minha mãe? tantas perguntas
e não consigo responder nenhuma

ACELERADOR DE PARTÍCULAS

Quando Sérgio acionou
o acelerador de partículas
as pessoas entraram em pânico

Não corram gritei
mas não adiantou
elas correram

Então Lúcia tentou
desativar o equipamento
e não conseguiu

Paulo começou a chorar
e Lúcia disse
Paulo por favor não chore

Ele continuou chorando
e acho que todos nós pensamos
que já era hora de correr

Foi quando Marta que segurava
uma pistola de água
disparou na direção do Paulo
que só assim parou de chorar

Justo nessa hora
Sérgio apareceu com o controle remoto
do acelerador de partículas

No meio daquela correria
fui o primeiro a topar com ele e falei
Sérgio você não sabe o que está fazendo

Então ele
olhando para nós quatro gritou
vocês humanos são todos iguais

Marta que ainda segurava a pistola
disparou água na direção do Sérgio

Enquanto fazia isso ela nos olhou e disse
bem provável que na próxima frase
a gente não esteja mais aqui

MUITO TEMPO ATRÁS NUMA GALÁXIA DISTANTE

Seu pai
uma ferida aberta

Preciso ir embora

Quanto mais longe um ia
mais a coisa doía nos dois

Olá pai olha aqui
minha ferida aberta

Ao que o pai respondeu

Quem sai aos seus
já sabe o que o espera

MINHAS FÉRIAS

Acabei de chegar do futuro
e lá as pessoas também vão ao cinema

Pensando bem
talvez seja melhor
começar assim
acabei de chegar do futuro
e lá as pessoas ainda vão ao cinema

#

Até aí nada
e foi então que decidi
fui assistir
numa sessão com intervalo ao filme
Parque dos Dinossauros
e nem adianta
você me perguntar
se era uma cópia com restauro

A coisa foi como foi
ou pelo menos como tinha de ser

#

A principal diferença
entre o futuro e hoje
é que nenhum dinossauro foge
melhor dizendo
os visitantes não têm muito
com o que se preocupar
é comprar o ingresso
e os bichos estão todos lá

#

Para entrar era preciso
passar pelo detector de metal

Com o sol forte e a fila enorme
muita gente passou mal

Olha só quantas crianças
eu disse

Tanto que se algum bicho
fugisse seria um estrago

Mas ao que parece
não era esse o caso

#

As pessoas se divertindo
com os dinossauros menores
e também com os maiores

Sem falar das que escolhiam
os mais barulhentos
ou das que preferiam
os mais rabugentos

#

Que tal
os visitantes do parque
atirando
grandes pedaços de carne
para os bichos
carnívoros
ou repolhos inteiros
para os herbívoros?

#

Na próxima cena
a pequena Paula e sua mãe
e diante delas uma jaula
e na jaula uma tabuleta
e na tabuleta umas palavras
e nas palavras umas letras
tudo isso sob o olhar
de desamparo da menina
da mãe e do dinossauro

#

A imagem
da pequena tabuleta
sozinha
por alguns segundos

Enquanto isso
ouvimos ao fundo
a voz da menina
errando as letras
de modo a parecer
que estava aprendendo
a ler por meio da tabuleta

Então eu penso
agora o bicho sai da jaula

Mas não

O coitado do monstro
de um lado para outro
no encalço dos pombos

#

E realmente
não posso garantir
se o clímax
foi um bate-boca
entre dois pais na sala
do gerente ou se um casal
cochichando perto
da saída de emergência

#

Meu amor precisamos
conversar disse ele

Eu sei mas não vai ser
neste poema respondeu ela

#

No fim
da mesma maneira que hoje
as luzes se acenderam
as pessoas se levantaram
das poltronas
e da mesma maneira
que hoje foram para casa
ou para qualquer outro lugar
onde queriam ou precisavam estar

VARIAÇÕES CRONENBERG

Os cinco dedos da mão
cada mão ligada a um braço
agora os cinco dedos do pé
cada pé ligado a uma perna
total de duas pernas dois braços
vinte dedos e frases do tipo
quase não chove tem chovido tanto

FAZER FALTA

Primeiro
os sisos

Depois
o apêndice

Em seguida
as amígdalas

Chegou a hora
do rim

Direito ou esquerdo?
me perguntam

PASSAGEM DE SOM

Tia ele pegou o meu ursinho
Não tia o ursinho é meu
Se não pararem agora
vão ficar sem recreio
Os dois começam a brigar
Não meninos nada disso
vamos abrir o ursinho ao meio
dependendo do que sair de dentro
vocês decidem o que fazer com ele

A CAIXA

com Lydia Davis

CAPÍTULO 1

Isadora vai
escrever na tampa

material pronto para uso

CAPÍTULO 2

Se fizer isso
vou me complicar ainda mais

CAPÍTULO 3

Isadora pensa
vou incluir um detalhe

material (pronto) para uso

CAPÍTULO 4

Acho
que não deu muito certo

CAPÍTULO 5

Ela então
tenta mais uma vez

material (pronto?) para uso

CAPÍTULO 6

É por conta
de pontos de interrogação
como esse
que estou sempre metida em apuros

CAPÍTULO 7

No fundo no fundo
Isadora
queria que o problema da caixa
fosse
o maior dos seus problemas

EPÍLOGO

Engano seu

Nunca quis que esse
fosse
o maior dos meus problemas

A CONFUSÃO DE JÚLIO

Antigamente
toda vez que Júlio
ficava aflito
sua orelha
se desprendia da cabeça
e ninguém sabia onde ia parar

Só quando Júlio se acalmava
a orelha voltava

Hoje em dia
a orelha se desprende
da cabeça de Júlio
enquanto ele ainda está calmo

Só depois que isso acontece
é que Júlio fica aflito

E como agora ele ficou aflito
por conta da orelha que se foi
a orelha que se foi só vai voltar
no dia em que Júlio se acalmar

Essa história da orelha
que se foi e não volta
está tirando Júlio do sério

MINHAS FÉRIAS 2

Quando a nave perdeu altitude
desmaiei
Eu não
eu vi tudo
sabia que a cauda tinha se partido
mas não tive coragem
de olhar para trás
Você viu que a parte da frente
também se partiu
e não caiu na praia?
Preciso saber quem entre nós
estava na cabine
Por quê?
Para encontrar o transmissor

#

Eu não devia ter vindo
Ainda bem que eu vim
que ilha ótima
Quero ir embora
era melhor ter ficado em casa
À noite estes coqueiros são tão bonitos

#

Quando enfim
enxertaram o transmissor
na minha mão chorei
mas não me fiz de rogado
e aproveitei que doía
para chorar o passado
e também o futuro

#

Não se preocupe com
o dia de amanhã
o dia de amanhã
já tem com o que se preocupar
basta a cada dia
o seu próprio mal

#

Continua

CRISTAL JAPONÊS

Às oito horas
depois de invadir
a casa dos camponeses
a água já estava no jardim do palácio

O nível subiu a tal ponto
que na estrada
chegava ao pescoço dos cavalos

Quem me contou isso
foi minha querida Annony
dama de companhia e tripulante
de um dos botes imperiais

Penteando meu cabelo ela disse
Alteza durante a confusão
um dos cavalos me olhou
fixamente nos olhos
as pequenas ondas provocadas
pela embarcaçãozinha
fizeram a água cobrir
a visão do animal e mesmo assim
ele continuava a me encarar

Annony estava agitada
eu também fui ficando e ela prosseguiu

Apesar do perigo da enchente
o que me impressionou de verdade
foram os olhos do cavalo
me atravessando
isso mesmo
Alteza
me atravessando

Annony contando foi de arrepiar
mas o que mais me impressionou
ele deixou para o fim quando disse o seguinte

Alteza o que eu temia aconteceu
porque quando o animal começou a afundar
ele também levou consigo e para sempre
meu olhar perdido de personagem histórica

Assim que parou de contar
Annony mal movia a escova
e eu é claro já tinha decidido
que iria passar o dia chorando

Mas quis segurar as lágrimas
porque acho melhor
quando a gente tenta segurar

Caso você fizesse questão de lágrimas
e caso eu não fosse capaz
passaria cristal japonês

Tenho aqui na bolsa para te mostrar
porque pensei assim
se o Leonardo quiser mesmo
passo um pouco em cada olho e pronto

Mas só se você pedisse muito
e eu não fosse capaz

Vai que você diz assim
olha só
eu queria muito que você chorasse

Não que você exigisse
mas vamos supor que você quisesse

INFÂNCIA OU A CANECA DE ÁGATA

Minha avó
servia café
dentro do poema
dos outros

Agora
ela está
sentada aqui

A cada gole
assoprando
a sua pequena
caneca de metal

A mesma
que vou deixar
para você
ela me diz

CÍRCULO DE FOGO

Ao escapar de sua ilha e cruzar o Atlântico
Robinson Crusoé está no fim do livro
em Lisboa e quer ir para Londres
mas agora tem medo do mar

Prefiro ir por terra até onde der
diz ele a um dos dez homens que convocou

Neste instante estão bebendo em Madri
e quando chegarem ao pé dos Pireneus
uma tempestade de neve vai complicar a viagem

Com comida agasalho e munição de sobra
a neve não é nada então avançam

Tudo vai bem com
Robinson Crusoé e seus amigos

Acontece que logo adiante
esses cavaleiros
são cercados por cento e dez lobos famintos

Isso mesmo
cento e dez lobos famintos

De fato não há tempo ruim para Robinson Crusoé
que depois de perder seus homens
monta ao redor de si
uma barricada com a pólvora que tem
e tudo pega fogo

Corra o quanto puder Robinson Crusoé
sua hora chegou
diz um dos lobos ao sair das chamas

AS ENGUIAS

Estou num trem rumo
a Vila Franca de Xira
onde fica o espólio
de Carlos de Oliveira
são dez horas da manhã
e devo chegar lá depois das onze

Estas são as primeiras linhas
que escrevo depois da notícia
de que vou ser pai
estou pensando nisso
quando entro no museu
e o guarda me indica a seção de arquivos

No corredor encaro a reprodução
em grande formato
da letra de Carlos de Oliveira
e paro diante dos seus traços
achando que daqui a pouco
manuscritos em mãos
terei cruzado uma linha sem volta

Travessia à parte
me dou conta de que
o que tenho é fome

então volto e pergunto ao guarda
qual o melhor lugar
na cidade para almoçar
O Comboio ou Os Putos ele diz
e acrescenta
as enguias daqui são uma delícia

Virando a esquina
encontro o primeiro restaurante
onde peço enguias fritas
com salada
elas chegam num grupo
de dez pequenas cobras fritas
que corto evitando encarar

Decepo uma a uma
suas cabeças
até que de repente
o olhar frito de uma delas
cruza com o meu e pronto
este poema chega ao fim
bem na hora do almoço

DUAS HISTÓRIAS

Na primeira
um monge do século XII
de tanto transcrever
a letra dos outros
fica com a mão tão leve
que apanha uma mosca
com os dedos

Na segunda
a parábola do macaco
eternamente diante
da máquina de escrever
ele bate e bate nas teclas
e de tanto bater nelas escreve
toda a obra de Shakespeare

PREVISÃO DO TEMPO

I get all the news I need
on the weather report

Simon & Garfunkel

1

O mar agitado e eu à deriva
dentro de uma garrafa

Mas desde que comecei
a me alojar nas de plástico
estão um pouco mais felizes
estas temporadas de recesso

Por exemplo ao olhar para o fundo
que distração ver os peixinhos
fugindo e os tubarões caçando

Se eu gosto dos moluscos?
nada contra

Se minhas costas doem?
um pouco
mas me virando
de barriga para o alto melhora

Quase não passam gaivotas
aviões nem pensar
na maior parte do tempo
não vejo nada por conta do sol
que ainda por cima esquenta o plástico

Sim de noite é diferente
as nuvens ajudando
cruzo os braços atrás da cabeça
e digo para mim mesmo
as estrelas lá no alto
e as sardinhas aqui embaixo
são meus cardumes prediletos

Mas quando deito de lado é outra história
porque nessa hora vejo
a mesma linha que separa mar e céu
comprimindo a garrafa

É aí que conto até três

Sempre conto até três
respiro fundo
e me lembro de que são uma só coisa
o movimento das marés
e o tumulto de um coração
como o meu
sujeito a tantos amos tantas vontades

2

Nesta segunda parte
não é o gênio quem fala e sim eu

Nesta segunda parte
vou fazer o papel de quem
encontra a garrafa na praia

Começa assim estou na areia
olhando três moças jogando frescobol

De repente a maré traz uma garrafa
que vem parar no meu pé

Chuto achando que é lixo
mas quando chuto
sinto algo estranho
então me abaixo com cuidado
por conta da lombar
pego a garrafa
abro e de dentro dela
sai um gênio
o gênio da garrafa pet

Contando assim parece estranho
mas estranho mesmo
foi o que se passou depois
que o sujeito saiu da garrafa
porque percebi que ele se parecia comigo

Até aí estava meio distraído
mas depois resolvi que era melhor
prestar mais atenção

E foi então que me dei conta
ele não só se parecia comigo
na verdade ele tinha o meu rosto

3

Com seus três desejos
atendidos
por um gênio trapaceiro
fica fácil adivinhar
onde a primeira pessoa
da página anterior foi parar

Não saber escolher
ou se deixar enganar
dá nisso

E não resta muita coisa
a não ser lhe desejar boa sorte

Boa sorte meu amigo
que sua garrafa
aguente firme
o quanto puder
antes de afundar para sempre

ÚLTIMA NOITE

Nós dois sentados no meio-fio
apagando contra o chão
um por um os nossos cigarros
nós dois apagando
cigarros contra o chão
como quem derruba lá de cima
uma por uma as estrelas

DANÇA PARA DALVA E HERIVELTO

Sempre soube que você faria isso

Não sei o que estou falando

Você acaba de despejar um balde de água fria em mim

Sou eu usando uma frase sua

Você querendo cortar o mal pela raiz

É o meu amor-próprio falando

Você só quer melhorar a despedida

Até que enfim

Não podia perder a chance de te dizer isso

LEONARD COHEN EM 2013

Eu estava ali nos bastidores
com o pessoal da banda
e a gente conversava
sobre as várias fases
pelas quais um homem passa
ao longo da vida
em relação
ao efeito que causa nas moças

O tipo de coisa
que a gente que é velho
diz enquanto toma café

Começa assim
primeiro você é irresistível
depois você fica resistível

Em seguida você passa
a ser transparente
não invisível
mas como se só pudesse ser visto
através de plástico velho

Daí então você fica invisível
e quando tudo parece de bom tamanho
eis a mais incrível das mudanças
de invisível você passa a repulsivo

Mas não é assim que a história acaba
porque depois de repulsivo
você se torna bonitinho

É nessa fase que me encontro agora
meus amigos

TRADUZINDO DAVID BERMAN

Uns encontram
a luz na música
outros nos livros
já outros têm certeza
que ela só brilha no coração

Uns encontram
a luz no sexo
outros na bebida
já outros não encontram
luz nenhuma e levam a vida no escuro

Daí vem alguém e diz
que isso é meio sombrio
mas não
a luz que a gente não vê
a gente acha que não faz falta

FABRÍCIO E SUA TURMA

Década de noventa
não temos nem vinte anos
andamos em bando

Duas noites sem dormir
e esta deve ser
a quarta cidade do sul de Minas
que atravessamos
em busca de algo
além da cerveja barata que levamos

Até que de repente é tarde demais
e estamos numa festa
em que decidimos nós os forasteiros
nos apaixonar todos
por uma mesma mulher
que dizem ser prima da Scheila Carvalho

Sou eu quem primeiro
se dirige a ela
vim de muito longe atrás de você
ao que a moça responde
então você veio
de muito longe à toa

OMAR KHAYYAM

Vazia a taça de vinho fico sozinho
com o fantasma do meu pai
O que estão falando?
Estamos só resmungando ai ai ai

SÉRGIO SAMPAIO

Esta é minha mão
ela não é minha
cortem-na fora

esta é minha língua
ela não é minha
cortem-na fora

mão este violão é teu
língua aqui a tua canção

AGORA VAMOS

Agora vamos todos
para 1981
comemorar
os duzentos anos
de publicação da
Crítica da Razão Pura
do filósofo prussiano
Immanuel Kant

Poucas vezes
deve ter ocorrido
uma homenagem
na qual as coisas
transcorreram
de forma tão estranha

No saguão do hotel
mais de cem filósofos
de início tranquilos
e em seguida
bem preocupados
com as chances reais
de o autor em pessoa
também vir para a festa

MIL NOVECENTOS E OITENTA E SEIS

A gente estava correndo no pátio
menos a Bel que ficou na cantina

A Bel não correu com a gente
porque não queria brincar no pátio
e porque a Lucinha disse que não gostava dela

Mas a Bel nem ficou triste
quem fica triste chora e a Bel não chorou

CACASO & FILHO

Lembro do meu pai
muitos anos atrás dizendo
você nunca termina
nada que começa

Bom saber que agora
é a sua vez Pedro
tudo bem se você não terminar
todas as coisas que já começou

O CAMINHO DE VOLTA

O Pequeno Polegar
arrumando as pedrinhas
uma atrás da outra
para depois achar
o caminho de volta

E o senhor Prévert
engolindo as pedrinhas
uma atrás da outra
para o Pequeno Polegar
não achar o caminho de volta

Senhor Prévert
onde estão
as minhas pedrinhas
pergunta o Pequeno Polegar
olhando para trás

Sem pedrinhas nada de caminho
sem caminho nada de volta para casa
sem volta para casa
nada de papai ou mamãe
responde o senhor Prévert

ENQUANTO ISSO NO BREJO

Estou pensando
em aprender
a coaxar melhor

O tempo passa
e estou pensando
em aprender
a coaxar melhor

Pois é
o tempo tem passado
e tenho pensado que
eu gostaria de aprender
a coaxar melhor

CANÇÃO

Prepara um barco e traz teu pai de volta
— diz Atena para Telêmaco

Feito todo mundo ou quase
eu também tenho um pai
ele ainda está respirando
eu ainda estou respirando
ele pergunta eu pergunto
ele não responde eu não respondo
e voltamos para debaixo d'água

ILHA MISTERIOSA DE JÚLIO VERNE NA VERSÃO DE CLARICE LISPECTOR

E agora
estamos subindo?

Pelo contrário
senhor Cyrus
joguei fora tudo que pesa
e nosso balão
continua descendo
quer dizer caindo

SEM TÍTULO

com Arnaldo Xavier

Dizer capim
até que vejam o capim
pela primeira vez

Dizer flor
até que vejam a flor
pela primeira vez

Mas também
se for o caso
dizer flor e capim
até que vejam
a flor e o capim
pela última vez

#

Depois de morrer
nossas unhas
e cabelos
continuam a crescer
dentro do caixão

Só depois de morrer
meu pai
começou a crescer
dentro de mim

LUIS ALBERTO DE CUENCA E SEUS AMIGOS

Oi mãe
encontrei os brinquedos
os mesmos brinquedos
de antigamente
estão todos aqui
posso levar comigo
ou é melhor deixar
com os fantasmas?

Sim são os teus brinquedos
os mesmos brinquedos
de antigamente
mas é melhor
eles ficarem onde estão
caso contrário vão acabar
se desmanchando na tua mão
da mesma forma que eu meu filho

QUANDO DER MEIA-NOITE

com Kaváfis

Quando der meia-noite
e de repente você ouvir
passar lá fora a banda
com canções e vozes bêbadas
os teus planos que já eram
a tua sorte que também já era
as tuas coisas que foram por água abaixo
não vale a pena chorar nada disso

Como quem
está pronto faz tempo
dê adeus a ela
à cidade do Rio de Janeiro
que você acaba de perder
e não se engane dizendo a si mesmo
que tudo não passou de um sonho
eu me deixei levar pela música

Como quem
está pronto faz tempo
chegue mais perto da janela
e ouça as canções e as vozes
bêbadas lá fora
e dê adeus a ela
à cidade do Rio de Janeiro
que você acaba de perder

VELHO PAR DE CHINELOS

Meu pai me deu
seu velho par de chinelos
só porque eu disse
que eram confortáveis

No dia do seu enterro
mesmo sem ver seus pés
lembrei dos chinelos

Agora em casa
estou calçado com eles
me perguntando
quantos passos deram
nos pés do meu pai

Enquanto isso
bem diante de mim
minha filha
de mãos dadas com sua mãe
aprende a andar

Pequeninos pés descalços
me comovem
todos os passos que vocês ainda vão dar

DIZER

com Baudrillard

Dizem
depois da mais bela canção
depois do mais vasto deserto
aqui começa o resto da vida

De fato
outra coisa acontece
outra bela canção
outro vasto deserto
e o resto da vida é a vida outra vez

CIRANDA

Henri Michaux —
Se me encontrarem por aí
não sou eu
meu lugar é no grão de areia

Walter Franco —
Eu gostaria de ficar
do tamanho de um cisco
e só então cantar para vocês

Rosa com três anos —
Mamãe eu quero crescer
e crescer até ficar
bem pequenininha

MARÍLIA

Não importa onde
mas quando
você adormece
no meu ombro
sei que estou
em casa

Como a folha
que cai e fica no ar
um instante
antes de tocar o chão
assim os meus dedos
sobre os seus cabelos

Um carro
que ultrapassa
o nosso
ou o nosso
ultrapassando
outro

E no rádio a voz
de Julio Iglesias
pedindo desculpas
a todas as pessoas
que já amou e feriu

PRESENTE

Como não tive filhos
a coisa mais decisiva
que me aconteceu na vida
diz Rosa Montero
foram os meus mortos
Só em nascimentos e mortes
é que saímos do tempo

Quando alguém morre
ou quando nasce
uma criança diz ela
o presente se parte ao meio
e uma fresta se abre

Rumi e Cohen
também falam
de uma rachadura
por onde a luz passa

SIM

Feliz
da vida
meu amigo Márcio
contou que seu filho
vai nascer
em fins de junho
Brindamos
e um tempo depois
já tinha chegado a hora
da saideira
Foi quando ele disse
que o quadro
A Origem do Mundo
de Courbet
antes de ir para o museu
tinha pertencido
a ninguém menos que
Jacques Lacan
Fim

para Rosa e Marília

em memória de Osmar Gandolfi

SOBRE O AUTOR

Leonardo Gandolfi nasceu em 1981, no Rio de Janeiro, e desde 2013 mora em São Paulo, onde trabalha como professor de literatura portuguesa na Universidade Federal de São Paulo (Unifesp). É autor dos livros de poemas *No entanto d'água* (7 Letras, 2006), *A morte de Tony Bennett* (Lumme Editor, 2010) e *Escala Richter* (7 Letras, 2015), além das plaquetes *Kansas* (Megamíni, 2015) e *Minhas férias* (Lumme Editor, 2016). Organizou a antologia de Manuel António Pina *O coração pronto para o roubo* (Editora 34, 2018) e publicou o ensaio *Manuel António Pina* (Eduerj, 2020), livro da coleção Ciranda de Poesia. Em 2015, idealizou a Luna Parque Edições, ao lado de Marília Garcia, com quem também editou os quatro números da revista *Grampo Canoa*.

Este livro foi composto em Sabon,
pela Franciosi & Malta, com CTP da
New Print e impressão da Graphium
em papel Pólen Soft 80 g/m² da Cia.
Suzano de Papel e Celulose para a
Editora 34, em agosto de 2021.